Terapia cognitivo-conductual: ¡sana tu vida!

5 pasos poderosos para superar la ansiedad y las emociones negativas

Por Maya Faro

Copyright Maya Faro© 2016, 2022

Copyright © Maya Faro 2022 - Todos los derechos reservados.

ISBN: 978-1-80095-098-6

Ninguna parte de esta publicación puede ser reproducida, almacenada en un sistema de recuperación o transmitida de ninguna forma o por ningún medio, ya sea electrónico, mecánico, de fotocopia, de grabación o de otro tipo, sin el permiso previo por escrito del autor y de los editores.

Aviso Legal:

Tenga en cuenta que la información contenida en este libro es solo para fines educativos y de entretenimiento. Todo el esfuerzo se ha ejecutado para presentar información precisa, actualizada, confiable y completa. No se declaran ni implican garantías de ningún tipo. Los lectores reconocen que el autor no participa en la prestación de asesoramiento legal, financiero, médico o profesional. Las instrucciones y consejos en este libro no pretenden ser un sustituto para el asesoramiento profesional que puede necesitar.

Al leer este libro, el lector acepta que en ningún caso el autor es responsable de las pérdidas, directas o indirectas, que se incurran como resultado del uso de la información contenida en este documento, incluidos, entre otros, errores, omisiones o inexactitudes.

Contenidos

Mensaje de la autora 6

¿Quieres cambiar? 9

Capítulo 1 - Paso 1 - Comprender que la ansiedad está tratando de ser tu amiga. 11

    Hay un motivo por el cual la ansiedad existe. ... 11

    La ansiedad es una emoción: una experiencia de todo el cuerpo 13

    Algunos desencadenantes en los que quizás no hayas pensado 14

La función de las emociones 18

    1. Las emociones nos impulsan y nos disponen para la acción: 18

    2. Las emociones nos dan información valiosa sobre lo que está sucediendo en cualquier situación en particular: 19

    3. Las emociones son para motivarnos: 20

    4. Las emociones son fundamentalmente nuestras amigas ¡Cada una de ellas! 20

Capítulo 2 - Paso 2: ¡Veamos tu nivel de ansiedad y tracemos una ruta para que tu nivel de ansiedad sea el que tú elijas! 29

Capítulo 3 - Paso 3: ¿Qué está causando tu respuesta ansiosa? 37

Capítulo 4 - Paso 4. Aprende los estilos de pensamiento que te hacen sentir más ansiedad y dale la vuelta 60

    HAZ UN REGRESO RACIONAL Y DATE "PERMISO". 78

Capítulo 5 - Paso 5: De la ansiedad a la seguridad. La transformación 91

Capítulo 6 - Vivir una vida segura y sin ansiedad 101

Conclusión 113

Mensaje de la autora

La ansiedad es una emoción fuerte que sentimos de forma regular y sé personalmente cómo puede incapacitarte emocionalmente; te congela dejándote inmóvil, no te deja avanzar para aprovechar las oportunidades, arriesgarte o incluso ser un poco optimista, y todo por tener mucho miedo y sentir preocupación por "lo que podría ser". Casi todo el mundo tiene un grado de ansiedad en su vida, pero, aunque es incómodo cuando surge, es soportable y siguen adelante, sin embargo, a otros les pasa factura en términos de salud, felicidad y alegría en la vida, es por eso estoy escribiendo este libro.

Mi madre era una de esas personas que pasó de ser una niña feliz y exuberante, a transformarse lentamente en una mujer asustada y ansiosa que no se atrevía a hacer nada demasiado arriesgado, ¡y para ella, la mayoría de las cosas eran riesgosas! Pude ver que tenía una vida mucho menos feliz de lo que merecía y decidí no ser nunca así, sin embargo, algunos de los patrones se aprenden y hubo períodos en mi vida en los que los ataques de ansiedad eran la norma y fue necesario tener coraje y mucha conciencia para cambiar eso; aprendí mucho y comencé a ayudar a otros que sufrían a través de una mezcla de ansiedad, culpa, vergüenza y preocupación, y también comenzaron a cambiar.

Un aspecto importante para todos nosotros fue aprender que la ansiedad está tratando de ser nuestra amiga, pero, al igual que con los amigos en la vida, ¡no tenemos que vivir con ellos! El secreto es no dejar que domine tu vida y ciertamente no dejar que arruine tu vida.

La ansiedad no es igual para todos, ya que existen distintas cosas que nos activan a cada uno de nosotros, diferentes pensamientos, creencias y recuerdos juegan un papel. No obstante, lo que es común es un círculo vicioso de acontecimientos en el que nos centraremos y estos eventos son creencias poco útiles que entran en acción cuando una situación externa te recuerda inconscientemente algo que te ha molestado en el pasado. Estas creencias luego desencadenan emociones poco útiles (miedo, ansiedad, preocupación, ira, agitación) que son demasiado familiares y hacen que sea difícil pensar lógicamente sobre la situación; ¡estas emociones luego ponen en marcha una serie de acciones poco útiles, que nos llevan de vuelta a sentirnos mal, tristes, o enfadados y ansiosos!

Lo que harás en este libro es aprender a convertir estos

círculos viciosos en círculos virtuosos, ya que son los círculos virtuosos los que te hacen sentir mejor contigo mismo o misma, con los demás y con la vida. La herramienta secreta es tu diálogo interno; tenemos estilos de pensamientos negativos que se convierten en la forma en que hablamos con nosotros mismos y esos estilos de pensamiento son el núcleo de nuestra ansiedad. La segunda herramienta secreta es "auto-calmarte"; las habilidades para calmarse a sí mismo o misma también son el núcleo del manejo de la ansiedad y aprenderás a desarrollar estas habilidades aquí mismo.

En mi propio aprendizaje, también descubrí que el enfoque cognitivo conductual me dio una forma muy estructurada de trabajar con el círculo vicioso de emociones, pensamientos y acciones; funcionó bien para mí y para los clientes que tenía y cuando comenzamos a edificar la estructura cognitiva conductual al desarrollar nuestras habilidades para auto-calmarnos, la vida se transformó.

Este libro es el resultado de todo nuestro aprendizaje, trabajo duro (sí, estoy siendo honesta, se necesitó sangre, sudor y lágrimas para hacer que esos círculos giraran en sentido contrario) y éxitos. La buena noticia es que se puede hacer; hay personas valientes que quieren cambiar y lo están haciendo ahora o a veces no son valientes, simplemente sienten la desesperación de no tener otro año, otra década como las últimas en las que las batallas y la ansiedad constantes y diarias los acosan; ¿estoy hablando de ti?.

¿Quieres cambiar?

Es una pregunta muy importante porque muchos de nosotros decimos que queremos cambiar, pero cuando los pasos están frente a nosotros, encontramos que nos cuesta porque en el fondo, realmente no creemos que podamos hacerlo, sin embargo, yo creo que quieres cambiar porque has leído hasta aquí.

Adopta un enfoque vaya paso a paso, no ye apresures y, sobre todo, ten compasión de ti mismo o misma mientras exploras poco a poco este aspecto tuyo; sonríe suavemente y recuérdate que tienes el derecho de ayudarte a experimentar una vida feliz, segura y con poco estrés y que crees que el cambio es posible ¡porque lo es, sobre todo es verdad para ti!

Quédate conmigo, haz las actividades, lleva un diario, practica y si te resulta más fácil hacerlo con otra persona, busca un consejero que te apoye mientras cambias de tener ansiedad a tener seguridad y transforma tu vida; disfruta el viaje. Estoy en esto contigo.

Maya Faro

Capítulo 1 - Paso 1 - Comprender que la ansiedad está tratando de ser tu amiga.

Hay un motivo por el cual la ansiedad existe.

¡La ansiedad tiene mala reputación!, es incómoda de sentir y está vinculada con otras emociones como el miedo, la incertidumbre y la aprehensión; hace que la presión arterial aumente porque nuestros cuerpos se preparan para luchar o huir ante un resultado imaginario y se interpone en el camino de los tiempos felices. En general, es una emoción que elimina el factor SORPRESA de la vida a medida que seguimos dándonos un gran golpe contra el suelo mientras nos preocupamos de una cosa tras otra, entonces, ¿qué es exactamente?

En pocas palabras:

"**La ansiedad** es una emoción caracterizada por sentimientos de tensión, pensamientos de preocupación y cambios físicos como el aumento de la presión arterial. Las personas con trastornos de **ansiedad** generalmente tienen pensamientos o preocupaciones compulsivos recurrentes y pueden evitar ciertas situaciones por preocupación."

Ansiedad - Asociación Americana de Psicología

www.apa.org/topics/anxiety/

La ansiedad es una emoción: una experiencia de todo el cuerpo

Lo primero que hay que saber es que es una emoción y lo que tenemos que saber sobre las emociones es que son experiencias de "cuerpo entero"; esto significa que consisten en pensamientos, sentimientos, sensaciones y comportamientos. Pensamientos, creencias, viejos patrones de reacción, una mezcla de sentimientos que incluyen miedo, culpa, vergüenza y preocupación comienzan a pasar por el sistema nervioso y desencadenan el inicio de un ataque de ansiedad; esto puede terminar en una evasión de lo que comenzó la respuesta emocional y, en el peor de los casos, puede terminar en un ataque de ansiedad y un refuerzo de una respuesta fóbica a desencadenantes similares.

Cualquier persona que haya experimentado un ataque de ansiedad sabrá que esta es una experiencia aterradora, ya que te desorientas, te quedas sin aliento, el pánico te abruma y es muy difícil regresar a un estado corporal más equilibrado. Es útil saber que los niveles de oxígeno/dióxido de carbono en tu cuerpo se descontrolan y respirar en una bolsa de papel puede hacer que la química de tu sangre vuelva a la normalidad y que tu cerebro vuelva a ser capaz de pensar de nuevo. Definitivamente, no es algo que queremos que suceda y después de haber tenido un ataque, queda un temor secreto de que vuelva a suceder y esto, por supuesto, refuerza aún más la evasión de lo que desencadenó la emoción inicial de ansiedad. Es uno de esos horribles círculos viciosos de los que hablé en la introducción y tenemos que encontrar formas de convertirlo en un círculo virtuoso, paso a paso, pero antes de que te veamos a ti y a tus patrones de ansiedad con más profundidad, piensa en lo siguiente.

Algunos desencadenantes en los que quizás no hayas pensado

Una vez tuve un cliente que acudió a mí debido a sus intensos episodios de ansiedad y cómo hace poco había tenido un ataque de pánico mientras estaban en la emisora local; esta pobre persona estaba terriblemente afectada y asustada por lo fuera de control que se había sentido. A medida que discutimos la situación y los factores desencadenantes, descubrí que este cliente bebía 10 tazas de café al día. Todas ellas en la oficina, antes de volver a casa por la noche.

Le pedí que cortara el café (y el té) durante una semana antes de comenzar a hacer cualquier otra exploración de su "síndrome de ansiedad" ¡Hizo esto a pesar de que no tenía interés en las hierbas alternativas! Ese cambio de hábito detuvo por completo su sensación de aprensión y 'canguelo'. Esta persona había estado leyendo la reacción de su cuerpo a la cafeína y llamándola ansiedad porque así era como se sentían todos los síntomas físicos, ¡pero de hecho, era principalmente químico!

La siguiente lista de verificación también puede ayudarte a saber que hay un montón de cosas que aumentan los sentimientos de ansiedad, las cuales puedes estar haciendo y estas pueden empeorar tu ansiedad.

Marca todo lo que pueda aplicarse a ti, luego agrega algunas de las que puedas estar consciente, pero que no estén en la lista; al crear conciencia de cómo te haces más sensible puede ayudarte a reducir, o incluso a desterrar, los sentimientos de ansiedad como el cliente anterior:

•Dormir demasiado o muy poco

•Demasiada comida chatarra

•Deshidratación

- Demasiada cafeína

- Hambre y mala nutrición

- Comer en exceso o comer poco

- Lesiones o heridas

- Enfermedad física

- Problemas financieros

- Falta de empleo o desempleo

- Exceso de trabajo

- Comer demasiado azúcar

- Comer demasiada grasa

- Pérdidas o accidentes recientes

- Desastres naturales recientes u horrores sociales como tiroteos masivos

- Dificultades actuales en las relaciones

- Ser víctima de un delito (asalto, violación, robo, etc.)

- Falta de ejercicio

- Tendencia a pensar en un fracaso personal reciente

- Otra_____

Todas estas cosas aumentan tus reacciones y te hacen más impulsivo o impulsiva, súper emocional y provocan un estado de sufrimiento emocional ansioso; incluso si eres una persona normalmente guay, tranquila y serena, se emocionará demasiado cuando tengas cansancio, cayendo fácilmente en la irritabilidad y la ansiedad. ¿El antídoto?

Bueno, en este caso, es dormir, pero también ten en cuenta que si has estado tomando café todo el día, será más probable que te sientas inquieto o inquieta y que te sientas realmente nervioso por algo, pero no podrás identificar qué es lo que te preocupa.

¿Puedes reconocer algunas de las formas en que te lo haces más difícil y pensar en cómo reducirlas?

Esa fue solo una actividad rápida para captar el ritmo de observarte a ti mismo o misma y establecer los vínculos entre tu comportamiento, pensamientos, sentimientos y tu cuerpo; harás más de eso a medida que revisemos el libro. Ahora echemos un vistazo a las emociones y por qué demonios tenemos estas cosas, a menudo molestas, pero siempre necesarias. En otras palabras, ¿cómo las emociones como la ansiedad son nuestros amigos?

La función de las emociones

1. Las emociones nos impulsan y nos disponen para la acción:

Cuando se desencadena una emoción en particular, todo el cuerpo se pone en alerta para que esté listo para luchar, huir o congelarse en reacción a la amenaza; la ira puede disponerte mental y fisiológicamente para volverte agresivo o agresiva; el miedo te preparará para huir si es necesario, tu mente comienza a tener pensamientos relacionados con el miedo y tu cuerpo está preparado para correr en busca de seguridad. Toda tu composición biológica está preparada para tomar medidas consistentes con cualquier emoción que se haya desencadenado y es por eso que somos seres holísticos, ya que no puedes separar la mente, las emociones y el cuerpo.

2. Las emociones nos dan información valiosa sobre lo que está sucediendo en cualquier situación en particular:

Las emociones son como un sistema de detección de movimiento o advertencia que nos dice que algo está sucediendo en nuestro entorno y deberíamos saberlo; este sistema de alerta puede alertarnos de un peligro físico o darnos información sobre cómo va una interacción social. Es importante ser consciente de tus emociones para que puedas escuchar lo que te están diciendo, ya que pueden alertarte de una amenaza, una incomodidad o darte el visto bueno de que una situación es benigna y de apoyo. Prestar atención a lo que te dicen tus emociones puede hacer una diferencia en tu seguridad o ayudarte a mejorar las relaciones y disfrutar más de la vida; en ambos casos las emociones pueden indicarte que necesitas cambiar tu comportamiento para ser más eficaz a la hora de satisfacer tus necesidades o de forjar relaciones de calidad.

3. Las emociones son para motivarnos:

Para volver a la misma palabra, "movimiento", las emociones te llevan a hacer cosas y estas pueden ser el trabajo, las relaciones, o la búsqueda de comida o más placer. Las emociones fuertes pueden ayudarte a superar los obstáculos entre tú y algo que deseas; los celos pueden motivarte a proteger una relación al estar más atento a tu pareja, la ira puede llevarte a defender tus derechos cuando estás siendo maltratado y la ansiedad te motivará a protegerte; esto es realmente importante cuando se trata de controlar tu ansiedad y comenzar a calmarte.

4. Las emociones son fundamentalmente nuestras amigas ¡Cada una de ellas!

Todo lo que se ha dicho anteriormente se resume en esta declaración. Las emociones son inherentemente, esencial y fundamentalmente adaptativas, es decir, tus emociones son amigas y ayudantes. A veces comparo las emociones con los pastores que tratan de guiarnos hacia la seguridad y el bienestar, incluso las emociones dolorosas, como el miedo o la ansiedad, pueden guiarnos para alejarnos del peligro; el interés puede ayudarnos a expandir nuestro aprendizaje y autodominio a través del aprendizaje.

Si has dejado de lado tus emociones porque a veces te encuentras demasiado emocional y abrumado o abrumada, es hora de cambiar de tu mentalidad, es hora de apreciar las funciones naturales y las ventajas de las emociones y comenzar a escucharlas por sus palabras de sabiduría; luego, aprende a retroceder y usa tu poder de razonamiento también para que las acciones que termines tomando sean una mezcla cuidadosa de información emocional e información lógica.

Por lo tanto, en lo que respecta a tus sentimientos de ansiedad, el camino hacia esto es comenzar a desentrañar los pensamientos y creencias que subyacen en tus sentimientos de miedo y aprehensión. Recuerda el círculo vicioso: aunque no seamos conscientes de ello, nuestros pensamientos y creencias inconscientes desencadenan el estado de nuestro sentir. Ahora vamos a empezar a ser más conscientes de las emociones, luego de los pensamientos, luego de las acciones... Este es un viaje emocionante.

Actividad de TCC

Reflexionar sobre el aumento y la disminución de tu ansiedad:

Verás que tus emociones varían en lo fuertes que se sienten; en un momento puedes estar terriblemente ansioso o ansiosa y solo momentos después sientes un poco de preocupación.

ANSIEDAD

Piensa en un momento en que estaba tan ansioso o ansiosa que todo lo que querías hacer era esconderte, retirarte, evitar a los demás, entrar en pánico o enloquecer. Piensa en tu momento más ansioso, sea el que sea para ti. Rellena lo siguiente:

Situación

....
....
....
....
....
....

Tus pensamientos sobre la situación (¿cómo la interpretaste?)

....
....
....
....
....
....
....

Intensidad de tu ansiedad (0-100)

....
....

Describe lo que sucedió después de que te sintieras de esa manera (¿fueron las cosas iguales, empeoraron, mejoraron?

....
....
....
....
....
....

¿Cuánto tiempo tardaste en volver a tu estado de ánimo normal?

Segundos (cuántos)..

Minutos (cuántos)..

Horas (cuántas)..

Un día o más (¿cuántos?)..

Cuando te relajaste, ¿cuál era la fuerza de su ansiedad (0-100?)..
....

¿Y ahora qué?

Ves cómo las emociones varían en intensidad; fluyen dentro y fuera del ser y, a menudo, el paso del tiempo marca la diferencia. En otras palabras, lo que has descubierto es que las emociones son estados bioquímicos en nuestros cuerpos y la química necesita un poco de tiempo para volver a equilibrarse. Ahora es el momento de explorar lo ansioso o ansiosa que estás y ponerte a trabajar a través de un plan de autoayuda, paso a paso. Pero antes de hacer eso, aquí hay algo encantador con lo que puedes empezar a experimentar ahora y es el concepto de auto-calmarse; por lo general, es nuestro diálogo interno el que crea estados de ansiedad y sin duda los perpetúa. Vas a aprender más sobre ese diálogo interno y cómo hacer que funcione positivamente para ti, pero primero, comencemos suavemente a incorporar algunas prácticas para auto-calmar tu vida como un antídoto para esa sobrecarga de ansiedad adrenalínica que llevas a tu alrededor.

Actividad

ACTIVIDADES AUTO-CALMANTES PARA COMENZAR A PROBAR AHORA MISMO

Recuerda, cuando estás ansioso o ansiosa es por preocupación y miedo y tu cuerpo está preparado para luchar, huir, o congelarse como formas de protegerse. Al igual que un niño que ha entrado en un estado de alteración porque no puede encontrar una manera de lidiar con él, tu cuerpo necesita ser calmado para que pueda comenzar a salir de esa respuesta de reacción y entrar en la respuesta de relajación. Las personas tienen muchas maneras de calmarse a sí mismas. Comienza a experimentar con uno de los siguientes: elige el que más te acomode; la forma más fácil es comenzar con los sentidos.

Visión

•Cuelga cuadros en tus paredes

•Tomar un libro de arte de la biblioteca

•Comprar una pieza central decorativa

•Coloca decoraciones de temporada

•Observa los árboles, la hierba, las plantas, los ríos, los estanques, las fuentes o el mar

Audición

- Escucha música clásica

- Escucha música instrumental suave

- Compra uno de esos CD de meditación con sonidos de la naturaleza y relájate

- Toca un instrumento musical

- Canta para ti mismo o misma

Olfato

- Prender incienso o velas perfumadas

- Ve a una panadería, quédate ahí y disfruta de los olores

- Aplica aceite perfumado o loción sobre su cuerpo

- Hornea pan o brownies

Tacto

- Hazte un masaje

- Abraza a alguien o a un árbol

- Ve a nadar

- Toma un baño largo y lujoso o una larga ducha caliente

- Aplica aceite por todo tu cuerpo

- Pon sábanas limpias en tu cama y súbete a la sensación de lujo

- Ponte un pijama de seda

- Párate en el viento y siente cómo sopla sobre tu cuerpo y cara

Gusto

- Come lentamente tu comida favorita, saboreando cada bocado

- Bebe lentamente una bebida tibia, como leche o leche con chocolate, sintiendo su calor entrando en tu cuerpo

- Come tostadas calientes

- Come dulces de menta o canela lentamente

Capítulo 2 - Paso 2: ¡Veamos tu nivel de ansiedad y tracemos una ruta para que tu nivel de ansiedad sea el que tú elijas!

Vamos directo al grano.

Actividad de TCC: LISTA DE VERIFICACIÓN DE SÍNTOMAS

Usa esta lista de verificación para ayudarte a dejar que la ansiedad domine tu vida.

Necesitamos comenzar en algún lugar específico (¡es más fácil de esa manera!).

Por lo tanto, completa la siguiente lista de verificación para obtener más claridad sobre tus síntomas, los desencadenantes y la intensidad.

Califica tus síntomas a continuación según el grado de incomodidad que causan, utilizando la siguiente escala de 10 puntos:

Incomodidad leve (1-3)

Incomodidad moderada (4-7)

Incomodidad extrema (8-10)

SÍNTOMA..

....

....

....

....

....

....

....

(Ignora los que no experimentas)

GRADO DE INCOMODIDAD (1-10) AHORA..

NIVEL DE INCOMODIDAD (1-10) DESPUÉS DE TRABAJAR CON EL ENFOQUE COGNITIVO CONDUCTUAL

....

....

(volverás a esto)

La ansiedad en situaciones específicas:

- Exámenes
- Plazos
- Entrevistas
- Otros:

Ansiedad en las relaciones personales:

- Cónyuge
- Padres
- Hijos
- Otros:

Ansiedad general, independientemente de la situación o de las personas involucradas

Sentimientos típicos que tienes cuando tienes ansiedad:

- Depresión

- Desesperanza

- Impotencia

- Baja autoestima-sin sentido de importancia

- La hostilidad aumenta generalmente (comienzas a culpar a otros o a ti mismo muy duramente)

- La ira hacia alguien aumenta

- La irritabilidad generalmente aumenta (es muy difícil calmarse y ser afectuoso con los demás)

- El resentimiento se hace más fuerte

- Aumento de la intensidad de las fobias - el objeto o la situación en específico empeora - arañas, estar fuera de casa, conocer gente nueva...

- Las obsesiones y los pensamientos no deseados... aumentan.

- No puedes dejar de hablar una y otra vez con tu cabeza tratando de encontrar un significado/decir lo que desearías haber dicho

- La tensión muscular empeora

- Aumenta la procrastinación

- Se come en exceso con más frecuencia

- Aumenta el consumo de tabaco

- Empeora el problema con el alcohol

- Incrementa el uso de juegos de azar

- Aumentos de gastos excesivos

- El dolor físico/la enfermedad empeoran

- Las compulsiones como revisar cosas muchas veces se vuelve más frecuente

- Aumento del insomnio

- Dificultades para dormir en las noches

- Aumento de fantasías sexuales no deseadas

- Aumento de comportamientos sexuales no deseados

- El perfeccionismo se vuelve más pronunciado

- La resolución de problemas se vuelve ineficaz

La lista de verificación incluye cosas que pueden no estar asociadas con su estado de ansiedad, pero todos son comportamientos o estados que comúnmente están relacionados con la ansiedad.

Ten en cuenta cuáles son tus 5 principales.

....

....

....
....
....
....
....
....
....

¿Y cuáles son tus 3 últimos?

....
....
....
....
....
....
....
....

Nótese bien: (Los síntomas que no tienes no se puntúan en absoluto, por lo que no están entre los tres últimos, ya que solo estamos viendo aquellos en los que te calificaste a ti mismo o misma como teniendo algún tipo de incomodidad.)

Ahora, contrariamente a lo que podrías estar esperando, ¡debes elegir la puntuación más alta dentro de tus tres últimos! Porque este es el que vas a explorar y cambiar primero.

Siempre funciona mejor si comienzas con algo que es más fácil de "cambiar", luego, cuando sientas que has triunfado y tengas confianza en el sistema debes continuar con el síntoma que tiene la puntuación más baja de los cinco primeros y trabajarlo. ¿Solo después de eso empiezas a trabajar con los tres primeros?

Por favor, no caigas en la tentación de lanzarte y enfrentar los desafíos más difíciles, ¡recuerda que debes tener compasión por ti mismo o misma!

Este es un buen momento para felicitarte porque se necesita coraje para enfrentar la ansiedad y comenzar a observarla el tiempo suficiente para ver si hay algún patrón en su aparición, o desaparición, o aparición continua. Reconocer que te tienes ansiedad la mayor parte del tiempo, o todo el tiempo, es un gran paso pero, con compasión por ti mismo o misma y al reconocer cada vez más que todas tus emociones están ahí para comunicarte algo importante para ti, puedes pasar al siguiente capítulo y comenzar a desentrañar los pensamientos y creencias que tienes que están complicando tu estado de ansiedad; este es el tercer paso en el que utilizamos el enfoque cognitivo conductual para ayudarnos a seguir adelante.

Capítulo 3 - Paso 3: ¿Qué está causando tu respuesta ansiosa?

Comprender los enfoques cognitivos conductuales y descubrir cuáles son tus creencias inconscientes

Sentimientos

Pensamientos   **Comportamientos**

Los enfoques conductuales cognitivos consideran a una persona como una "unidad completa", compuesta de pensamientos, sentimientos y comportamientos que tienen lugar dentro de un cuerpo. De hecho, dicen que los pensamientos y creencias inconscientes (las creencias son un conjunto de pensamientos rígidos) que tenemos, impulsan las respuestas de nuestros sentimientos y nos impulsan a comportarnos de ciertas formas establecidas y esas formas establecidas producen estados bioquímicos en nuestro cuerpo. Todos los distintos componentes se alimentan, refuerzan y escalan entre sí, por lo que no es sorprendente que nos sintamos abrumados por la ansiedad cuando se pone en marcha; esta es otra forma de describir el círculo vicioso del que hablamos antes.

Definición de TCC

La terapia cognitiva conductual (TCC) es un tratamiento de psicoterapia a corto plazo que está orientado a objetivos que requieren un enfoque práctico y efectivo para resolver problemas. Su objetivo es cambiar los patrones de pensamiento o **comportamiento** que están detrás de las dificultades que tiene la gente, y así cambiar la forma en que se sienten. 22 de febrero de 2007

In-Depth: Cognitive Behavioral Therapy | Psych Central

psychcentral.com/lib/in-depth-**cognitive-behavioral-therapy**/

Por lo tanto, lo que hay que tomar de este breve resumen sobre los enfoques cognitivo-conductuales es que los psicólogos creen que:

- al comprender cómo nos desencadenamos en un estado de ansiedad a través de nuestras creencias y pensamientos

- y también entender más sobre los sentimientos que se precipitan sobre nosotros en este punto

- entonces podemos aprender formas alternativas de hablar con nosotros mismos o mismas y calmarnos

- y así podemos empezar a controlar nuestra ansiedad.

Tomemos eso paso a paso.

LOS PENSAMIENTOS/CREENCIAS AUTOMÁTICOS AFECTAN LA EMOCIÓN

Aquí hay algunos ejemplos de nuestros patrones de creencias inconscientes que pueden desencadenar el agobio de la ansiedad; fíjate en lo cargados que están algunos de ellos. Podemos organizar los pensamientos y creencias poco útiles en tres categorías: exigencias que nos imponemos sobre:

-nosotros mismos o mismas,

-otras personas,

-el mundo/la vida.

Actividad de TCC

Mirando los tres tipos de exigencias anteriores, ¿alguna suena verdadera para ti? Si es así, marca aquellas declaraciones que reflejen tus propios pensamientos automáticos, luego usa las líneas en blanco a continuación para enumerar cualquiera de tus otros pensamientos automáticos únicos.

1. Las exigencias que tienes contigo mismo o misma

Marca las exigencias con las que te identificas y luego califica la fuerza con la que crees en estas (0 = no en absoluto, 100 = ¡enormemente!):

- Debo hacer bien con todo lo que ponga mi mano, y si no lo hago, es terrible.

Intensidad............

- Debo tener la aprobación de todas las personas importantes de mi vida, y si no la tengo, es terrible.

Intensidad............

- No me ganaré la simpatía de nadie si fallo en una tarea importante.

Intensidad..............

- *No valgo nada/no tengo valor si no me aman y no hago bien las cosas.*

Intensidad..............

- *Todos me odiarán si no soy bueno o buena en todo lo que hago.*

Intensidad..............

- *Tengo que hacer todo rápidamente para que todos estén satisfechos conmigo.*

Intensidad..............

- *Debo complacer a todos/a las personas importantes de mi vida.*

Intensidad..............

- *Siempre debo esforzarme en todo lo que hago.*

Intensidad..............

- *Debo ponerme una coraza y nunca mostrar mis emociones.*

Intensidad..............

Otros:..
....
....
....
....
....
....

Las exigencias que tienes hacia otras personas

- Otros deberían tratarme con justicia y equidad.

Intensidad..............

- Los demás deben tratarme con respeto.

Intensidad..............

- Cuando otros me tratan mal, merecen ser castigados

Intensidad..............

- Cuando otros no me dan lo que quiero, deben pagar por ello de alguna manera.

Intensidad............

-Si la gente hace lo que no debe, entonces son malas personas

Intensidad............

- *No me gustan las personas que me decepcionan.*

Intensidad............

- *Cuando no consigo lo que quiero de otras personas se siente como si fuera un desastre.*

Intensidad............

Otro:..
....
....
....

    2. <u>Las exigencias que tienes con el mundo o las condiciones de vida</u>

- *Debo tener una vida que sea fácil y cómoda.*

Intensidad............

- *No soporto muchos desafíos en la vida, pero la vida siempre me lanza un desafío tras otro.*

Intensidad................

- *Nunca debería haber dolor.*

Intensidad..................

- La vida debe ser justa.

Intensidad..................

-Si soy bueno, el mundo (o Dios, o el universo) debería tratarme bien.

Intensidad..................

Otro:..
....
....
....

Finalmente, ponte tu gorra para pensar y trata de encontrar al menos un desafío para cada uno de los pensamientos que has marcado; solo pregúntate a ti mismo o misma "¿es esto cierto?"

Por ejemplo:

- Debo hacerlo bien con todo lo que ponga mi mano, y si no lo hago, es terrible.

- ¿Es verdad?

....
....
....
....
....

- ¿Qué piensas?

....
....
....
....
....
....
....

Una nueva perspectiva sobre tus creencias:

- *Hay muchas cosas que hacer en la vida, así que hacer todo a la perfección no es realista.*

Tus nuevos pensamientos positivos:

....
....
....
....
....
....
....
....
....
....

....
....
....
....
....
....

- *Debo tener la aprobación de todas las personas importantes de mi vida, y si no la tengo, es terrible.*

- ¿Es verdad?

....
....
....
....
....

- ¿Qué piensas?

....
....
....
....
....

Una nueva perspectiva sobre tus creencias:

- ¡La gente es tan distinta y quiere cosas tan diferentes de ti que nunca podrías complacer u obtener la aprobación de todos! Piensa en lo que quieres y lo que quieres aprobar de ti mismo o misma por ser tu propia persona.

Tus nuevos pensamientos positivos:

....
....
....
....
....
....
....
....
....

- No me gustan las personas que me decepcionan.

¿Es verdad?

....
....
....
....

- ¿Qué piensas?

....
....
....
....
....
....
....
....

Una nueva perspectiva sobre tus creencias

- Puedes alejarte de una situación y ver si la otra persona pudo haber tenido otra razón para su acción que no tenía nada que ver contigo.

Tus nuevos pensamientos positivos:

....
....
....
....
....
....
....

....
....
....

- *Cuando no consigo lo que quiero de otras personas se siente como si fuera un desastre.*

¿Es verdad?

....
....
....
....
....
....

- ¿Qué piensas?

....
....
....
....
....

Una nueva perspectiva sobre tus creencias

- Puedes dar un paso atrás y ver lo que pasó desde una perspectiva más distante, ya que a menudo las cosas cambian cuando haces eso.

Tus nuevos pensamientos positivos:
....
....
....
....
....
....
....
....
....

- La vida debe ser justa.

¿Es verdad?

....
....
....
....
....
....

- ¿Qué piensas?

....
....
....
....
....
....

Una nueva perspectiva sobre tus creencias

Puedes decepcionarte si algo no funciona "de manera justa", pero desperdicia tu buena energía si arremetes contra la vida, ya que la vida siempre ganará. Practica el "dejar ir" esa expectativa.

Tus nuevos pensamientos positivos:

....
....
....
....
....
....
....
....
....

-Si soy bueno, el mundo (o Dios, o el universo) debería tratarme bien.

¿Es verdad?

....
....
....
....
....
....

- ¿Qué piensas?

....
....
....
....
....
....

Una nueva perspectiva de tus creencias.

Puedes tratarte bien sin importar lo que la vida te esté lanzando.

Tus nuevos pensamientos positivos:

....
....
....
....
....
....
....
....
....
....

Puede ser útil experimentar con un diario de pensamientos durante una semana o incluso unos días y de esa manera, puedes desempacar algunos de esos pensamientos 'rápidos como un rayo' que te atraviesan y se convierten en parte del desencadenante de la ansiedad. Ver a continuación:

DIARIO DE PENSAMIENTOS Y CREENCIAS

Para empezar a conocer cuán poderosos son tus pensamientos inconscientes y qué papel desempeñan en tus sentimientos y comportamiento ansiosos, intenta hacer tu propio diario de pensamientos; toma nota cada vez que experimentes ansiedad e incluye todo lo que te digas para mantener la emoción en marcha. Una de mis clientes tomó estas notas un día de la semana.

Por ejemplo:

08:15 - Ansiedad y enojo - Atrapada en el tráfico - Tarde...- El jefe se enfadará...- Seré la última en entrar y no me pondré al día en todo el día... - debo ser puntual

- Una vez que algo sale mal, se pone peor.

Cuán cierto es ahora - 90% Qué tan cierto es después - 40%

10:30- Ansiedad - Me dieron más trabajo - Estaré aquí toda la noche... no puedo soportarlo de nuevo.... los niños tendrán problemas con la tarea si llego tarde - Tengo que cumplir con mi deber - 100% - 30%

11:50 - Ansiedad – El ordenador no va... - Ahora nunca lo terminaré...Oh Dios...Debo trabajar más rápido, o se enojará - Tengo que ser una trabajadora perfecta - 100% - 55%

12:30- Ansiedad - Tengo que trabajar durante el almuerzo - Me va a doler mucho el estómago... - No puedo soportarlo y tendré dolor de cabeza. - ¡Tengo que cumplir con mi deber y ser perfecta! - 80% - 20%

04:00 - Ira - Recibo más trabajo - ¿Por qué estos idiotas no reciben suficiente ayuda? - Esto es demasiado para una persona...Siempre me dejan plantada - La gente se aprovecha de mí - 100% - 60%

05:00 - Ansiedad - Trabajar hasta tarde - tener que llamar a tu pareja - Va a explotar cuando sepa que esto ha sucedido de nuevo....- Tengo que ser una pareja perfecta - 100% - 0%

06:45 - Depresión - Camino a casa - Esta es toda mi vida.... - No hay manera de salir de esto - La vida es difícil para mí - 100% - 35%

Todos estos son ejemplos típicos de situaciones que surgen en la vida cotidiana y que pueden ser parte de un desencadenante para sentirse ansioso, sin embargo, ¡también puedes darte cuenta de algunos pensamientos y creencias que tienes respecto a las emociones que estás experimentando como resultado de tus primeros pensamientos! ¡Nos complicamos como humanos!

¿Reconoces alguno de los siguientes pensamientos sigilosos que aparecen en tu mente?

•*Estoy mal si siento ansiedad/enojo/tristeza/miedo*

•*Estoy mal si soy muy emocional*

•La forma en que reacciono emocionalmente es una señal de debilidad

•Si fuera una persona normal, sería feliz y optimista todo el tiempo

•Si tengo ansiedad nadie va a querer estar cerca de mi

Actividad

Ahora pongamos esto en orden.

Clasificación de tus pensamientos y creencias

De los pensamientos y creencias inconscientes anteriores que tienes, escoge los 5 primeros y escríbelos en los siguientes espacios en blanco numerados (1-5). Una vez que termine este ejercicio, pasemos al paso 4 y a la siguiente etapa del enfoque cognitivo conductual. "Desafiando a tu diálogo interno".

Las cinco creencias principales:

1..
....
....
....

....
....

2..
....
....
....
....
....
....

3..
....
....
....
....
....

4...
....
....
....
....
....

5..
....

....
....
....
....

Retomarás esto de nuevo en un par de capítulos. Marca esta página para que sea fácil regresar, por favor. ¡Y ahora al siguiente paso, donde tus patrones de pensamiento quedarán patas arriba!

Capítulo 4 - Paso 4. Aprende los estilos de pensamiento que te hacen sentir más ansiedad y dale la vuelta

Hemos estado observando los pensamientos y creencias que tienes sobre ti mismo o misma, otras personas y el mundo o la vida; ahora vamos a bucear un poco más profundo y explorar la FORMA en que piensas, con eso espero que encontremos algunos estilos de pensamiento que usas todos los días que tienden a agravar tu ansiedad.

ESTILOS DE PENSAMIENTO

Solo para poner esto en contexto y mantener en marcha ese rayo constante de compasión por ti mismo o misma, te ayudará a entender por qué todos tenemos estos patrones de pensamiento, todos los tenemos; ¡no eres solo tú!

Las personas son cosas increíbles, ya que somos tiernos y duros, complejos y simples, ingeniosos e ingenuos.... ¡y eso es en un minuto! Una de las cosas que hacemos muy bien es "tratar de protegernos". Somos conscientes de nuestra tendencia a sentirnos heridos y ansiosos dependiendo de lo que esté sucediendo; luego, gradualmente, construimos un estilo de pensamiento que es un intento de protegernos del posible dolor de ser descubiertos, expuestos, que sucedan nuestros peores miedos y todas las demás cosas "asombrosas" que guardamos dentro de nosotros mismos.

He aquí algunos ejemplos muy típicos.

Puedo decirte ahora que TODO EL MUNDO (incluyéndome a mí misma) tiene variaciones de estos estilos de pensamiento, así que no te preocupes si los reconoces en ti mismo o misma; estas son sólo tú siendo humano y eres tú tratando de protegerte de más dolor.

Con lo que aún no te has puesto al día es que estos estilos ya no ayudan, en un momento de tu vida lo hicieron, pero no ahora, sin embargo, lo mejor de ser humano es que puedes cambiar estos patrones de pensamiento cuando reconoces que no te están ayudando a salir de ese círculo vicioso de pensamientos, sentimientos, comportamiento, estado corporal, los pensamientos sobre eso, los sentimientos sobre eso, comportamiento sobre eso y sigue y sigue...

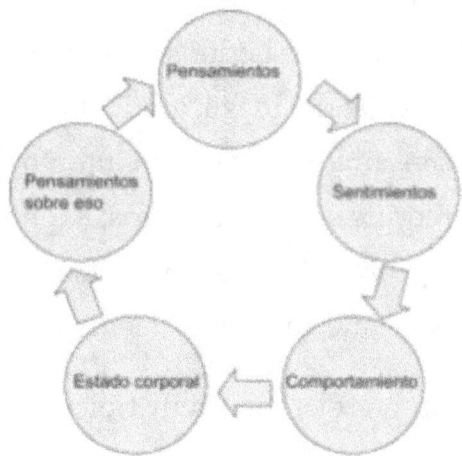

Por lo tanto, echemos un vistazo a los tipos más comunes de patrones de pensamiento poco útiles que estás utilizando en este momento.

Poner un filtro

Este estilo se puede reconocer porque está muy arraigado a un aspecto de una situación, de hecho, a menudo puedes ignorar cualquier otro punto al que puedas dar un significado completamente diferente.

Una clienta mía que había sido elogiada en su trabajo por su pulcritud y que luego se le preguntó si podía entregar las siguientes actas rápidamente solo escuchó la crítica, entendiendo que era demasiado lenta; se olvidó por completo de que su jefe había apreciado la precisión y la apariencia de su trabajo o que había prisa en la oficina debido a un pedido grande, por lo que necesitaban las actas rápidamente. Así que se fue a casa deprimida, pero en realidad no tenía nada que ver con ella.

Cada uno tiene su propio filtro en particular dependiendo del tipo de historia que hayas tenido, serás sensible a ciertos tipos de situaciones. Por ejemplo, la decepción, la ridiculización; otros analizan cada situación en busca de negatividad o crítica y lo harán incluso si la situación es realmente relajada e informal.

Esta forma de pensar también tiene consecuencias poco útiles sobre tu memoria; te hace muy selectivo o selectiva, de modo que, dependiendo de lo que te haya pasado que te hirió o te hizo sufrir antes, es lo que 'escanearás' en una nueva situación; es posible que no recuerdes nada más que estos tiempos dolorosos. Aunque, de hecho, es extremadamente improbable que otras cosas buenas nunca te hayan pasado y como resultado, estás constantemente esperando que vuelvan a ocurrir los mismos eventos y sigues experimentando cosas que desencadenan tu ansiedad.

Cuando pones tu filtro, eliminas los aspectos agradables de la situación y solo te enfocas en la parte que tiene el potencial de lastimarte, "colmas" tus pensamientos; al aislar todas las cosas podridas que te han sucedido y no equilibrar las cosas buenas, cualquier situación se convierte en algo terrible y al final todo en lo que puedes pensar es en cómo te puedes sentir con tanto enojo, decepción y daño; cuanto más piensas en estas cosas, más exagerado se vuelve todo.

Las palabras clave para este tipo de filtrado son palabras como "fatal...es terrible... estoy disgustado o disgustada..."y así sucesivamente. Una frase típica es "No puedo hacer frente a esto."

Actividad de TCC

¿Tiendes a usar esas palabras o palabras similares con bastante frecuencia? Si lo haces, es una pista de que puedes empezar a cambiar tu vocabulario y al hacer eso, comenzarás a romper el patrón de pensamiento.

Pensamiento en blanco y negro

Lo que destaca de este estilo es que solo hay dos grandes opciones:

Tiendes a hacer que las cosas sean todas buenas o todas malas; todas negras o todas blancas y la posibilidad de que haya algún gris en la situación no es una que permitas; las cosas son maravillosas u horribles, esto significa que tus emociones a menudo oscilarán hasta los extremos.

Lo que es desagradable para ti acerca de tener este estilo de pensamiento es lo duro que te juzgarás a ti mismo o misma, por lo tanto, si no eres el o la más brillante, eres todo lo contrario.

(Recuerda volver al capítulo anterior donde vimos las creencias que tienes sobre cómo era necesario que fueras aceptable, rápido, perfecto, agradable, etc.)

No te das ningún espacio para ser humano, común, una mezcla de cosas... La voz interior dice que es un error y mediocre, o maravilloso y perfectamente hecho.

Otro cliente mío que conducía al trabajo se dijo a sí mismo que era estúpido cuando tomó la vía de salida equivocada y tuvo que conducir varias millas para volver al camino correcto de nuevo; uno comete un error común y se castiga sin piedad. No se tuvo compasión por haber pasado la noche sin dormir con un niño enfermo y tener su mente ya ocupada con las cosas que tenía que hacer durante el día cuando necesitaba llegar a casa para ayudar a su pareja con su hijo.

Se veía a sí mismo como una persona débil e inútil, se sentía avergonzado de sí mismo y se criticaba a sí mismo todo el día cuando hablaba con sus compañeros de trabajo al llegar al trabajo, pasó el resto del día en un estado de ansiedad en caso de cometer otra estupidez.

Si pasó una vez, pasará con todo

Porque algo sucedió una vez, piensas que sucederá así una y otra vez. Por no ver un error tipográfico en tu documento por estar ocupado u ocupada significa: "nunca podré publicar un documento perfecto". Una fiesta a la que no fuiste invitado o invitada significa: "nadie volverá a invitarme a una fiesta". Si te enfermaste en un avión una vez, nunca volverás a volar. Si te mareas en un ascensor, nunca volverás a subir a uno. Una vez tu marido se fue de viaje de negocios y te pusiste muy ansiosa; ahora, cada vez que se va, te sientes tan ansiosa que eres un desastre. Una mala experiencia significa que cada vez que sucede algo similar, repites la mala experiencia original y el problema con este estilo es que sigues disminuyendo y restringiendo lo que puedes hacer y disfrutar.

Otra clienta mía que había tenido una madre muy protectora había interiorizado todas las preocupaciones de su madre por ella, su salud y su bienestar, así que solo se necesitó un incidente para disuadirla completamente de hacer algo bastante ordinario. Ella muy rápidamente generalizó muchas cosas que le sucedieron como: "Mi coche va a fallar si tomo el camino rápido a casa", "empezaré a temblar si vuelvo a ser clases al 4B otra vez, así que no puedo tomar esa clase este trimestre" y "siempre me enfermo cuando como gluten".

Al generalizar en exceso, comienzas a pensar en la conclusión que originalmente formaste como si fuera una ley que gobierna todo; cuando decides que "Nadie se

preocupa por mí o... no puedo confiar en nadie de nuevo.....
no tendría amigos si la gente realmente supiera cómo soy".

Por desgracia, la conclusión a la que llegaste y con la que te quedaste solamente estaba basada en un par de experiencias y, como la persona que dijo: "no me molestes con los hechos", disminuyes cualquier cosa que pueda refutar la "Ley" que gobierna todo.

Escúchate a ti mismo o misma usando palabras como cada, nunca, todo, todos.

Actividad de TCC

¿Tiendes a usar ese tipo de "palabras que lo abarcan todo" cuando hablas?

Puedo leer tu mente

Con este tipo de estilo de pensamiento, tiendes a juzgar a los demás, en lugar de a ti mismo o misma, de hecho, tomarás decisiones rápidas sobre la otra persona y sus motivos en cualquier situación. "¡Tiene miedo al compromiso...!" Es probable que no haya ninguna evidencia sólida de estas cosas, pero para ti se "sentían" correctas. Por lo general, una persona que puede leer la mente hace conjeturas sobre lo que motiva a otras personas y cómo se sienten; es como si tuvieras una intuición especial que ha descubierto la razón subyacente de una situación y luego te aferras a eso.

También puedes hacer estos saltos de 'comprensión' sobre las razones de otra persona para actuar como lo hicieron contigo. Por ejemplo, "Si me ve a la luz del día, verá mi piel terrible... cree que soy muy inmadura; mira cómo me mira... se están preparando para darme una última advertencia, me puedo dar cuenta". Al igual que con todas las suposiciones de la lectura de la mente, nada se comprueba realmente; estas provienen un poco de la intuición, un poco de una corazonada y un poco de miedo de una o dos experiencias pasadas, sin embargo, se creen por completo.

Este proceso de tener corazonadas y conjeturas y actuar como si fueran verdaderas se llama proyección y se basa en el hecho de que piensas que todos son iguales a ti; la forma en que piensan, sienten y actúan será como lo harías tú en una situación similar, ya que debido a que piensas que así es como todos operan, realmente no te das cuenta de las formas en que piensan y actúan de manera diferente. Por lo tanto, si te enojas si alguien llega tarde a una reunión y no te lo hace saber, imaginarás que todos se sienten de la misma manera que tú. Ser tan crítico con otras personas es un reflejo de lo crítico que eres contigo mismo o misma, pero se "proyecta" hacia los demás en lugar de solo dirigirse a ti mismo o misma.

Tenía una clienta que era una persona extremadamente sensible; había sido criada en una casa donde había muchos secretos, y ha aprendido a usar su sensibilidad para captar cualquier pista que pudiera sobre lo que realmente estaba sucediendo. Por ejemplo, podía sentir que su padre estaba enojado con su madre, pero cuando le preguntó qué estaba mal, sus padres siempre negaron que hubiera enojo entre ellos, así que había aprendido a "confiar en su intuición", pero tampoco aprendió a dar un paso atrás y crear otros escenarios más allá de su observación para verificar si su "intuición" podía estar mal encaminada esta vez; a menudo tenía razón en sus juicios, pero también estaba MUY equivocada, estrepitosamente equivocada, respecto a los demás. Esta sensibilidad y lectura de la mente la mantuvieron en un estado constante de ansiedad mientras intentaba resolver todo lo que estaba sucediendo a su alrededor utilizando sus corazonadas.

Actividad de TCC

¿Eres uno o una de los que "intuyen" en la vida? ¿Qué tan a menudo te tomas el tiempo para pensar conscientemente en otras explicaciones que la que sacaste precipitadamente?

Algo terrible va a pasar

Si para ti todo es una catástrofe, un pequeño pinchazo significa que no puedes conducir tu automóvil y ahí te quedarás atrapado o atrapada para siempre; un dolor de cabeza significa que tienes un tumor en el cerebro. Cuando haces que todo sea una catástrofe, a menudo empiezas con las palabras: "Que tal si..." Incluso puedes leer el artículo de un periódico sobre alguien que ha estado en una situación desafiante y comienzas a preocuparte porque te puede suceder lo mismo. "¿Qué tal si no hay atención médica disponible cuando vamos a esquiar?, ¿y si el avión es secuestrado en el camino?, ¿que pasaría si la empresa quiebra y tengo que dejar el trabajo?, ¿y si todos mis hijos se convierten en alcohólicos porque nos ven bebiendo?" La lista se vuelve interminable. Con una imaginación realmente fértil ya existe una catástrofe que está a punto de ocurrir en todas partes.

Actividad de TCC

¿Eres una de las personas que se hacen este tipo de preguntas? Hay una fina línea entre ser lo suficientemente cauteloso o cautelosa y serlo en exceso y además catastrófico o catastrófica; ¿dónde crees que está la línea y dónde estás en relación con esa línea?

Deben haberse referido a mí

Esto es cuando piensas que lo que está pasando, o se está diciendo, es realmente sobre ti. Una madre ansiosa se culpará rápidamente a sí misma si ve depresión o malestar en su hijo; un hombre recién reclutado cree que cada referencia a que las cosas van mal en el departamento se debe a su ineficiencia.

Las palabras clave relacionadas con la personalización están relacionadas con comparaciones; lo que está pasando en el interior es que estás haciendo comparaciones con otras personas: "Ella juega tenis mucho mejor que yo... no soy lo suficientemente inteligente como para estar en este grupo....Ella tiene planes a cinco años para su carrera, no como yo que simplemente voy de un trabajo a otro....El siente todo tan profundamente mientras que yo estoy muerto o muerta por dentro.....Lo admiran y escuchan cada palabra que dice, pero no a mí cuando doy una opinión..." Hay tanta gente alrededor que es fácil hacer comparaciones negativas durante todo el día.

Actividad de TCC

¿Reconoces alguna de estas?

Puedes estar usando la comparación para llegar a la conclusión de que eres 'inútil' y si haces eso, tendrás que tratar desesperadamente de encontrar a alguien con quien compararte favorablemente, solo para demostrar que no siempre eres inútil; es una forma de vivir muy agotadora y que provoca ansiedad.

¡La autoestima no funciona así porque el punto es que eres valioso o valiosa y digno o digna solamente porque eres tú y no tiene nada que ver con tus habilidades o comportamiento! ¡Recuerda eso, por favor!

Debería

¡Casi todo el mundo usa las leyes de los 'debo' y los 'no debería' para gobernar sus vidas! Estas leyes son indiscutibles y cualquier cambio que tú o cualquiera otra persona haga a las reglas es 'malo'. Una vez más, los juicios entran en escena, y tenderás a ser muy crítico o crítica con otras personas por no hacer las cosas "correctamente" (de acuerdo con tus reglas). Las otras personas son diferentes, no importa lo que prefieras, y tienen hábitos y opiniones que son diferentes a las tuyas; esto hace que sea difícil para ti poder lidiar con ellos. Un hombre pensó que su esposa siempre debería tener una bebida lista para él después del trabajo y cuando no lo hizo se sintió enojado porque no estaba siguiendo "las reglas de lo que era correcto".

El tipo de palabras que la gente usa son: "deberías", "yo no debería", "debes", "es lo correcto".

Sin embargo, te juzgas tanto a ti mismo o misma y manejas tu vida en un conjunto de reglas, o 'deberes' que crees que tienes que acatar las 'reglas' y que no tienes elección sobre cómo actuar; esto es porque no te has detenido a pensar en cada uno de estos "deberes" y luego, al igual que con la irritación, a menudo terminas sintiéndote muy ansioso o ansiosa por dentro porque eres muy consciente de lo que deberías estar haciendo, pero no lo haces.

Aquí hay una lista de algunos 'debo' y 'no debo' que podrías reconocer:

•Debería dar el 10% de mi salario a organizaciones benéficas cada mes

•Nunca debería ser cruel

•Siempre debería ser la mejor pareja

•No debería entrar en pánico por todo

•Debería ser un pensador rápido

•Nunca debería reaccionar mal ante alguien

•Debería haber sido capaz de predecir lo que pasaría esa vez

•Siempre debería ser feliz y nunca aburrir a nadie al hablar en serio

Actividad de TCC

Anota los 'debo' y 'no debo' que usa con más frecuencia y también anota tus estilos de pensamiento más familiares; si no estás seguro o segura, busca a un amigo o familiar que le tengas cariño y pregúntale qué ha notado sobre tu forma de pensar, puedes mostrarle el resumen que viene a continuación, y piensa en lo que te dicen. No tienes que estar de acuerdo con ellos, pero los comentarios a menudo pueden ser útiles.

RESUMEN

1.**He puesto un filtro**: Filtras los aspectos positivos de una situación y exageras los negativos que quedan.

2.**Pensamiento del extremo opuesto:** No hay gris en tu mundo blanco y negro. Las cosas son buenas o malas. Eres bueno o malo o esa otra persona es buena o mala. No hay nada en el medio.

3.**Si pasó una vez, pasará con todo**: Sobre la base de un evento en particular, concluyes que siempre sucederá así.

4.**Puedo leer tu mente:** Tiendes a decidirte rápidamente sobre lo que motiva a alguien a actuar de cierta manera, pero esto se basa en una intuición sin evidencia real que lo respalde.

5.**Algo terrible va a pasar:** Esperas el peor resultado posible y crees que te sucederá a ti.

6.**Deben haberse referido a mí:** Te imaginas que cualquier cosa que alguien diga o haga está de alguna manera vinculada a ti como algo negativo sobre ti.

7.**Debería:** Este es otro estilo que opera con reglas que no deben romperse. Aplicas esto a ti mismo o misma y a los demás, y las personas que no siguen 'tus reglas' te molestan, y si las rompes, te sientes culpable y ansioso o ansiosa.

Así que ahora lo que hay que aprender es cómo combatir estos estilos de pensamiento y convertirlos en patrones que funcionen mucho mejor para ti. Una vez más, un pequeño recordatorio para un descanso de compasión: ¡recuerda que has pasado años practicando el estilo antiguo! No tomará años cambiar, pero tomará algo de práctica y tiempo, así que no te preocupes si no sucede de la noche a la mañana.

HAZ UN REGRESO RACIONAL Y DATE "PERMISO".

A continuación, se enumeran alternativas racionales para los estilos de pensamiento poco útiles que vimos anteriormente. Diviértete con estos: si no estás de acuerdo con ninguna de las sugerencias, encuentra una que se sienta adecuada para ti. Estas realmente ayudan a romper tus patrones de pensamiento habituales y hacen que te replantees para encontrar otra perspectiva que funcione mejor. Recuerda volver al capítulo 2 donde aparece el gráfico que tenía sugerencias sobre las "nuevas perspectivas" que podrías probar. Este es el mismo ejercicio.

Las declaraciones de regreso claves (racionales) para cada estilo se enumeran frente al estilo poco útil en el lado derecho.

1.Tengo un filtro en su lugar

Cambia tu enfoque

Deja ir las cosas que se van magnificando

Durante mucho tiempo te has estado enfocando en cosas de tu vida que te han asustado o lastimado; para dejar de filtrar, tendrás que estar conscientemente atento o atenta a otra cosa. Por ejemplo, puedes poner tu atención en las estrategias de afrontamiento para lidiar con el problema, puedes ejercitarte si tiendes a pensar en términos de perder algo o a alguien, o en términos de siempre ser defraudado por otros y una vez que reconozcas cuál es tu "tema", puedes prestar más atención a las cosas y momentos en los que eso no sucede, por lo tanto, si tu tema es sobre estar bajo amenaza, enfócate en las cosas y momentos de tu vida en los que te sientas seguro. ¡Este es tu auto-calmante!

Magnificar: Cuando estás filtrando, generalmente terminas magnificando tus problemas; para combatir la magnificación, usa palabras como "eso es genial", "me encanta", "¡qué interesante!" y en particular, destierra las frases: "no puedo soportarlo" y "no puedo hacer frente a esto".

Sabemos que los seres humanos pueden adaptarse y hacer frente a casi cualquier cosa o puedes decidir que no quieres lidiar con ello y tomar medidas para detener la situación; ¡tienes el derecho a hacerlo!

Permisos que puedes usar en tu diálogo interno: Intenta cambiar tu diálogo interno por frases como: "no hay necesidad de exagerar" y "sin duda puedo hacer frente a esto".

2. Pensamiento en blanco y negro

Encontrar un punto medio

Piensa en porcentajes

La forma de combatir estos extremos de blanco o negro es ser más conscientes de lo diferente y complicadas que son realmente las personas.

Es muy poco probable que las personas sean una cosa u otra, ya sea estar feliz o lleno/llena de alegría, tener buen carácter o ágil, inteligente o estúpido/estúpida; a veces serán una y otras veces la otra, son un poco de cada una. No es realista reducir a los humanos a un extremo de un continuo o al otro.

Permisos que puedes usar en tu diálogo interno: ¡Usa porcentajes!

Piensa en porcentajes respecto al comportamiento que estás utilizando.

"La mitad de mí está realmente asustada y el 50 % está aguantando y logrando hacer frente a esto... alrededor del 60 % de las veces no tiene tiempo para nadie más, pero el 40 % de las veces, puede ser muy agradable... el 5% de las veces no tengo ni idea, pero la mayoría de las veces me va bien".

3.Si pasó una vez

Cuantificar

¿Dónde está la evidencia de mis conclusiones?

¡La sobre generalización es cuando exageras! Nunca es solo un pequeño y común golpe en el guardabarros, ¡es el peor caso de lesión cervical y miles de dólares para gastar en daños debido a la situación del automóvil! Puedes darle la vuelta a esta situación ignorando esas palabras emocionantes y complicadas como horrible o enorme y usa palabras que reflejen con precisión el alcance de lo que pasó.

También puedes examinar cuánta evidencia tienes en realidad, ya que por lo general, las situaciones implican solo un pequeño error, o uno o dos síntomas que no son suficientes por sí solos para justificar que se llegue a una conclusión. ¡Deshazte de tu juicio hasta que tengas más pruebas!

Si generalizas en exceso, piensas en absolutos, por lo tanto, debes evitar declaraciones y suposiciones que requieren el uso de palabras que lo abarcan todo, como "todo" o "nunca". Usa palabras como algunas, a veces, unas pocas....

Permisos que puedes usar en tu diálogo interno: Usa palabras como "es probable" y "a menudo". Si te escuchas a ti mismo o misma haciendo una predicción triste para ti mismo o misma como: "a nadie le importa", piensa inmediatamente en alguien, o en tu mascota, que te ama/te amó y tranquilízate de nuevo.

4. Puedo leer tu mente

¿Evidencia para concluir?

Compruébalo

Leer la mente significa que estás haciendo conjeturas sobre lo que motiva a la otra persona. Es más realista creer en la persona en primer lugar, o simplemente no tener juicio hasta que haya sucedido más.

Permisos que puedes usar en tu diálogo interno: "Disfruto de mi intuición, y recuerdo probarla preguntando y observando antes de llegar a una conclusión final".

5. Es terrible

Probabilidades realistas

Hacer de todo una catástrofe y la ansiedad a menudo van juntas. Cuando notes que has imaginado el peor escenario posible, haz una evaluación honesta de la situación con respecto al porcentaje de probabilidades de que suceda. Uno en mil (0.1%)? Uno en veinte (5%)? Mirar las probabilidades te ayuda a ser más realista sobre lo que te asusta; igualmente, siempre puedes pedirle a otra persona su opinión sobre las probabilidades de que suceda.

Permisos que puedes usar en tu diálogo interno: "Espera, déjame calcular las probabilidades de lo que acabo de decir".

6. Deben haberse referido a mí

¿Evidencia para concluir?

¿Por qué comparar riesgos?

Compruébalo

Si tu tendencia es personalizar, haz que tu trabajo sea probar si el ceño fruncido del jefe realmente tiene que ver contigo; compruébalo y no hagas una suposición hasta que tengas más evidencia de que esto va dirigido hacia ti. También es importante dejar el hábito de compararse, negativa o positivamente, con otras personas, ya que las comparaciones son una forma emocionante de apostar; a veces ganas y realmente eclipsas a alguien más, pero cuando pierdes, te preparas para un golpe a tu autoestima y tal vez el comienzo de una depresión larga y profunda.

Permisos que puedes usar en tu diálogo interno: "Hay una excelente posibilidad de que la persona esté de mal humor hoy por alguna razón que desconozco". Elijo creer que esa es la razón por la que dijeron/hicieron lo que hicieron hasta que o a menos que tenga pruebas de lo contrario.

7.Si yo debo, tú también deberías

Normas flexibles

Valores flexibles

Cuando escuches las palabras, debes, es necesario y es obligación debes prestar atención. Este es el momento en que estás operando bajo una regla y es hora de reexaminar todas tus reglas a medida que dejas atrás los pensamientos que te producen ansiedad; ahora tienes que estar trabajando en formas de pensar más flexibles. Trata de elaborar al menos tres excepciones a cualquier regla, ya que cuando otras personas no se ajustan a las mismas reglas con las que operas, te enojas, pero este es un momento para recordar cuán diferentes son los valores personales de las personas. Las personas no son todas iguales y la forma de lidiar con esto es enfocarse en la singularidad de cada individuo; piensa en las diferentes cosas que pueden querer, las diferentes limitaciones que tienen a lo que puede hacer frente, las cosas completamente diferentes por las que se asustan. Incluso con personas que conoces muy bien es poco probable que sepas exactamente cuáles son sus valores, ya que tienes derecho a tus valores y reglas, pero también debes estar abierto o abierta a otras formas diferentes.

Permisos que puedes usar en tu diálogo interno: "todas las personas son distintas", "estoy empezando a disfrutar de la diferencia en lugar de pensar que es mala, ¡incluso estoy disfrutando de mis propias diferencias!"

Por ejemplo:

Permisos para estilos de pensamiento y creencias

- Debo hacerlo bien con todo lo que ponga mi mano, y si no lo hago, es terrible. - "hacer algo lo suficientemente bien es suficiente".

- Debo tener la aprobación de todas las personas importantes de mi vida, y si no la tengo, es terrible.

- "Puedes complacerte a ti mismo o misma y aprobarte a ti mismo o misma también."

- No me gustan las personas que me decepcionan - "otras personas siempre tienen sus propios planes y pensarán de manera diferente a ti. Tal vez la forma en que piensan significa que no se dieron cuenta de que lo que hicieron fue decepcionarte."

- Cuando no consigo lo que quiero de otras personas se siente como si fuera un desastre. "Comprueba con qué frecuencia es realmente un desastre. Encuentra una palabra que describa la situación con precisión".

- La vida debe ser justa - "Nadie dijo que la vida tenía que ser justa, es solo que estaría bien si lo fuera, ¡pero no lo es!".

- Si soy bueno, el mundo (o Dios, o el universo) debería tratarme bien - "esta es como la vida anterior siendo justa; no hay un equilibrio entre la bondad y la recompensa."

Actividad

Vuelve a la sección en la que resolviste la situación en la que querías cambiar tu forma de pensar y reaccionar; ¡recuerda que fue en la que tomaste el ejemplo de arriba, de tus tres últimos!

También regresa a tus creencias más comunes y a tu estilo de pensamiento familiar; ahora vamos a unir todo.

Ahora pon esa situación a prueba; ¿qué tipo de pensamiento muestras típicamente?, ¿en qué creencia sobre ti mismo o misma, otras personas o el mundo operas?, ¿por qué el tipo de estilo de pensamiento con el que intentas protegerte parece empeorar las cosas?

....
....
....
....
....
....
....
....
....
....

....
....
....

Ahora piensa en un regreso racional para esta situación en particular y encuentra un 'permiso' que puedas darte la próxima vez que estés en ella. Escriba aquí cuál será ese permiso.

....
....
....
....
....
....

Lo has hecho muy bien para llegar a este punto y desentrañar las creencias y sentimientos de las situaciones de tu vida. ¿Ves cómo funciona el círculo vicioso en tu vida?

....
....
....
....

....

....

Has comenzado a cambiar ese círculo en uno virtuoso mediante el uso de permisos y regresos. Sigue practicando a medida que ocurren en tu vida cotidiana y también trabaja a partir de los otros ejemplos en tus propias listas para deconstruir las creencias y pensamientos que tienes de ellos; y sigue practicando. Lleva un diario de "pensamientos y creencias" y observa cómo la intensidad de tus emociones y la dureza de tu pensamiento cambian durante los días que trabajas esto; ¡es muy emocionante!

Recuerda tener compasión por ti cuando a veces no funciona y te sientas con mucha ansiedad, sólo debes seguir relajándote con todo tipo de cosas bonitas, sentirte seguro o segura de nuevo y luego, comienza de nuevo al día siguiente; ¡eres humano!

Capítulo 5 - Paso 5: De la ansiedad a la seguridad. La transformación

De acuerdo, digamos que lo has hecho todo: te has calmado, te estás dando permisos útiles regularmente y tus círculos viciosos de ansiedad se han convertido o se están convirtiendo en círculos virtuosos; has empezado a sentirte mucho mejor, entonces ¿qué más hay que hacer?

Diviértete, por supuesto; date tiempo para ver películas, pasear, bailar, probar cosas nuevas, asistir a clubes de lectura, grupos de escritores o servicios religiosos o espirituales, ya que al encontrar actividades intencionalmente que crees que son agradables, no solo te calma, sino que también te diviertes. Las dos actividades combinadas significan que activarás regularmente hormonas relacionadas con una sensación de bienestar como las endorfinas y la serotonina, y alejándote cada vez más de que tu vida sea gobernada (o se arruine) por la ansiedad y la adrenalina que te inunda cuando estás en ese estado.

AUMENTAR TUS EMOCIONES POSITIVAS

Como solemos hacer, entendamos tus pensamientos y creencias sobre la diversión antes de comenzar a descubrir con qué cosas divertidas puedes comenzar a jugar; si nos saltamos este paso es posible que tengas dificultades para sentir el "disfrute" y será más difícil para ti mismo o misma.

Actividad

ENTENDER LA DIVERSIÓN

- Describe tu idea de diversión.

....
....
....
....

- ¿Cómo te expusieron tus padres a la diversión?

....
....
....

....
....

¿Qué obstáculos se interponen en tu camino cuando piensas en ti mismo o misma tratando de divertirte (por ejemplo, depresión, dinero, ubicación, creatividad)?

....
....
....
....
....
....
....
....
....

Si tienes pensamientos como "la diversión es frívola", ¿por qué crees que tienes esa creencia?

....
....
....
....
....

....
....

¿Con qué pequeños detalles crees que puedes añadir algo de diversión en tu vida?

....
....
....
....
....
....
....

¿Qué averiguaste?

....
....
....
....
....
....
....

Cuando regularmente realizaba talleres sobre cómo aumentar la autoestima y combatir la ansiedad, ¡la petición más frecuente que recibía era la de organizar talleres sobre cómo divertirse! En particular, la gente quería saber cómo jugar libremente con sus hijos; eso de que los adultos tienen que ser serios es un "patrón de pensamiento poco útil" muy típico tenemos, ya que no tengo tiempo para divertirme con todas las responsabilidades que tengo.

La buena noticia es que ahora tienes las herramientas a mano para lidiar con cualquiera de los pensamientos y creencias sobre divertirse que surgieron mientras hacías ese ejercicio. Saca tu bolígrafo de nuevo y anota los permisos que vas a usar ahora y los regresos racionales que puedes dar a esa voz interior que echa abajo tu "tiempo de diversión".

Diversión barata y alegre

Las cosas divertidas y agradables no tienen que ser elaboradas o caras; aquí hay algunas que puedes hacer de inmediato:

- Pasear por un parque

- Ir de escaparates

· Observar a las personas en un aeropuerto o centro comercial

· Alquila tu película favorita

· Planta una flor o un árbol

· Comenzar un jardín o un huerto

· Reorganizar los muebles de tu hogar

· Mira los álbumes de fotos

· Leer libros y revistas de la biblioteca o de las librerías locales

· Ir a un parque y poner una manta con un amigo o un libro

· Ver una puesta de sol o un amanecer

· Otros

....
....
....
....
....

....

....

Tengamos una dosis diaria de FELICIDAD

La diversión es un elemento fabuloso para traer a tu vida a medida que cambias de ser un ser humano increíble que deja que la ansiedad gobierne su vida a un ser humano increíble que ha aprendido a no hacer esto y ahora tiene una vida rica e interesante, y que rara vez es molestado por la ansiedad.

Veamos otras formas en que puedes entablar una dimensión diferente en tu vida.

EXPERIENCIAS POSITIVAS DIARIAS

Adquiere el hábito de crear experiencias positivas y placenteras en tu vida diaria; una de las desventajas de estar ansioso es que a menudo estás demasiado preocupado para experimentar algo agradable, o lo complicas al sentirte culpable.

Ahora estás en camino a una vida feliz y sin ansiedad, así que prueba algunas de estas sugerencias y observa cuáles te vienen bien y ¡luego haz algunas más!

- Toma duchas o baños largos, calientes y suntuosos
- Toma cacao con crema batida
- Lee
- Reúnete con tu mejor amigo a menudo
- Mantente en contacto con viejos amigos en FB, incluso si ya no viven en la misma ciudad
- Ver una serie de televisión
- Prueba muestras en una tienda de delicatessen
- Ve a festivales locales
- Visita el mercado local
- Atiende a eventos locales gratuitos de música en vivo o arte
- Reproduce música relajante o alegre
- Mira tu programa de televisión favorito, ¡varias veces!

- Dile a alguien que lo amas

- Dile a alguien que te gusta

- Dile a alguien que lo admiras

- Córtate, peina o resalta el cabello

- Otros

....
....
....
....
....
....
....
....
....
....
....
....

Actividad de TCC

¿Qué has descubierto? Toma notas sobre las cosas que más te divierten y te hacen feliz, y asegúrate de hacerlas tan a menudo como te apetezca.

Pídeles a tus amigos hacer cosas que sean del agrado de ellos como un regalo. Intenta hacer algunas de sus ideas.

Escribe aquí lo que probarás esta semana. De hecho, anota lo que harás HOY.

Capítulo 6 - Vivir una vida segura y sin ansiedad

Otro paso para probar si esto es lo correcto para ti

La ansiedad está vinculada al estrés, por lo que a menudo las cosas que son útiles para hacer frente a los síntomas del estrés también son excelentes para la ansiedad. Demos un vistazo a ser "consciente", ya que esta es una forma maravillosa de inocularse del estrés y alejarse de un estado mental ansioso.

SER CONSCIENTE: VIVIR EN EL AHORA

La consciencia plena es volverse más consciente, más intencional, más comprometido con tu vida y experiencias. Se trata de presentarse, dar un paso adelante y estar realmente presente en tu propia vida; no más vivir en el pasado con culpa, no más vivir en el futuro con preocupación y ansiedad y sobre todo, no más vergüenza de ser como has sido. Se trata de cómo podemos estar más vivos en cada momento que vivimos teniendo en cuenta que solo tenemos esta vida, ¡lo que es muy importante!

Las Habilidades de la consciencia plena

1. Observa: observa tu patrón de pensamiento a medida que fluyes y respondes a las cosas que te rodean. No juzgar, no asumir; solo observar, específicamente con tus emociones:

- Date cuenta de la experiencia de tu emoción
- Date cuenta de tus emociones sin quedar atrapado o atrapada en ellas. No intentes añadir o quitar algo.
- Dite a ti mismo o misma: "Me doy cuenta de que estoy sintiendo alegría/tristeza/miedo/ansiedad".
- Solo ve lo que fluye más allá de tu conciencia;
- Debes estar alerta mientras observas lo que fluye hacia, alrededor y a través de ti,

- Observa lo que pasa a través de tus sentidos, todo lo que hueles, tocas, escuchas, dices, sientes y saboreas.

2. **Describe:** pon palabras a tus experiencias. Cuando surja un pensamiento o un sentimiento, hazlo con palabras, reconócelo; no te preocupes si esto parece extraño y antinatural al principio, ya que, si tus modelos emocionales a seguir te han enseñado a ignorar o menospreciar tus emociones, es posible que seas experto o experta en ser lo contrario de estar atento o atenta y consciente de tu propia experiencia.

También puede probar algunas de las siguientes declaraciones para practicar; con el tiempo encontrarás tu propia voz. Di en tu mente: "un pensamiento 'esto es demasiado para mí' acaba de venir a mi mente". Cuando estés nervioso, di: "Mis músculos del estómago se están tensando". Describe lo que está sucediendo, siendo objetivo mientras hablas contigo mismo o misma, llama a un pensamiento y a una emoción como tal. Sigue siendo descriptivo y que todo sea simple.

3. **Participa:** como una práctica para repetir una y otra vez, la consciencia plena te ayuda a ser una parte

activa de tu propia vida; entra plenamente en tu experiencia, pero sin amarla ni odiarla. Debes estar lo más completamente involucrado o involucrada en cada momento como puedas, participando en cada momento a medida que lleguen, un momento, luego otro, permaneciendo en el *ahora* si el momento requiere que estés aquí ahora. No te sigas preocupando más, suelta todo eso por completo, observa por completo, describe por completo y disfruta el proceso.

Sé tu experiencia, olvidándote por completo de ti mismo o misma. Aléjate de la idea de preocuparte por cómo te ven los demás o si te está yendo tan bien como a otra persona y no te concentres en preocupaciones sobre la perfección o complacer a otras personas. Presta toda tu atención a la experiencia del aquí y ahora. Piensa en los atletas olímpicos, que parecen tan absortos con su deporte o rendimiento, que parecen desconocer que el mundo los está observando; se entregan plenamente a lo que están haciendo en ese momento, están en su experiencia.

Aquí hay algunos ejemplos de formas de desarrollar y articular la consciencia plena; por supuesto, pronto aprenderás a desarrollar tu propia consciencia plena.

Cuando te sientes feliz

- "Noto que me estoy riendo...Observo que me siento con energía."

- "Noto una sensación de fuerza...Observo que me siento centrado."

Cuando sientes ansiedad

- "Observo que estoy experimentando ansiedad...Noto la necesidad de evitar a la persona que decepcioné."

- "Observo el pensamiento de que 'soy inútil en todo'...Noto el deseo de castigarme."

Actividad

Ahora que has leído estos ejemplos, deja este libro en el suelo, siéntate erguido o erguida, cierra los ojos (después de haber terminado de leer estas instrucciones) y respira suavemente; observa tus emociones y sensaciones actuales. ¿Qué puedes notar? Describe lo que notas, evitando juicios sobre lo bueno o malo de lo que sientes o piensas; sigue siendo descriptivo o descriptiva.

Apuntes:..
....
....
....
....
....
....
....
....
....
....
....
....
....

....
....
....
....
....
....
....
....
....
....

EJERCICIOS EXTRA:

Comenzaremos este capítulo con una meditación cuyo propósito es llevarte a un mayor nivel de conciencia en cuanto a la naturaleza de quién eres. Haz lo siguiente:

1. Busca un lugar cómodo para sentarte y cierra los ojos; trata de mantener la espalda lo más recta posible mientras te relajas y te acomodas.
2. Al igual que en los ejercicios anteriores, concéntrate en las sensaciones de tu respiración, asegurándote de que estás respirando normalmente.

3. Es importante que mientras haces esta meditación no pongas absolutamente ningún esfuerzo en lo que haces, ya que la mayoría de nosotros estamos muy condicionados a tratar de lograr un cierto resultado, o tenemos expectativas de lo que deberíamos estar experimentando y cuando esto sucede, comenzamos a dudar de nosotros mismos o mismas o nos frustramos. Quiero que aceptes completamente cualquier cosa que surja en tu experiencia, no intentes cambiar nada; no existe tal cosa como hacer las cosas bien o mal.
4. Al observar tu respiración, experimentarás pensamientos, sensaciones, sentimientos y sonidos; déjalos ir y venir por su propia voluntad.
5. Cada vez que tu mente deambule, regrésala suavemente a tu respiración.
6. A medida que continúes enfocándote en tu respiración, notarás que tu mente se volverá más quieta, más silenciosa. Es importante tener en cuenta que antes de alcanzar esta calma, lo más probable es que experimentes una explosión de actividad en tu mente; No te distraigas con esto, ya que es natural. Si y cuando esto suceda, solo

continúa concentrándote en tu respiración hasta que tu mente se calme.

7. A medida que continúes observando tu respiración, notarás que tomará menos de nuestra atención observarla; no tendrás que recordarte a sí mismo o misma que te enfoques en ella; esto es una indicación de que has llegado a un nivel más profundo de conciencia.

8. Relaja tu atención y simplemente observa lo que entra en tu conciencia; observa como el pensamiento, la sensación, las emociones y los sentimientos surgen de las profundidades de tu conciencia y luego se desvanecen. Nada de lo que puedes experimentar es permanente; todos los fenómenos son transitorios y están en constante flujo. Los pensamientos aparecen y se desvanecen; las sensaciones y emociones cambian en su nivel de intensidad incluso si escuchas un sonido que es continuo, este fluctuará en su intensidad.

9. Permítete experimentar todo lo que sale a la luz de tu conciencia; acepta completamente a todas tus experiencias. No uses en ningún momento de esta meditación tu imaginación ni crees un significado

para tu experiencia, deja que todas tus experiencias vengan y se vayan por su cuenta.

10. Date cuenta de que eres consciente del pensamiento, pero que no eres pensamiento, eres consciente de la sensación, pero no eres sensación, experimentas sentimientos, pero no eres sentimientos. Cuando tienes un pensamiento perturbador, la conciencia no está perturbada; puede que te sientas en paz, pero la conciencia no es pacífica ni está perturbada, eres consciente de toda la experiencia, pero la conciencia no es tocada por toda la experiencia.

11. ¿Quién es el que es consciente de la experiencia? ¿Puedes revelar la identidad del que es consciente? Busca al que está consciente. ¿Quién es? Puedes decir "Yo soy el que está consciente", o "la conciencia está consciente", o "mi poder superior está consciente"; decir cualquiera de estas cosas también requiere tener conciencia de ellas. ¿Cómo pueden estos ser la fuente de conciencia cuando es necesario estar consciente para saber de su existencia? De hecho, independientemente de cómo respondas a esta pregunta, debe haber conciencia de ello; los pensamientos de "yo", "mi",

"espíritu", "alma", o "poder superior", son simplemente eso, pensamientos. Sigue buscando, no te rindas y trata de encontrar al o a la que es la fuente de la conciencia.

Conclusión

Si disfrutaste de este libro y encontraste algo con que experimentar, probar, compartir o comprometerte, nos alegramos; la salud y la felicidad se pueden encontrar a través de muchas vías y para todas ellas el viaje en sí es generalmente la alegría. El destino es lo que queremos lograr, pero es al llegar allí que constantemente descubrimos más sobre nosotros mismos o mismas y nuestra propia singularidad, y esto es lo más fascinante de todo.

Hasta que nos volvamos a encontrar en otro libro: sé saludable, sé feliz, sé hermosa o hermoso por dentro y por fuera.

Te envío mucho amor desde aquí,

Maya Faro

Más libros de Maya Faro en español –ahora disponibles en tu tienda de Amazon

www.ingramcontent.com/pod-product-compliance
Lightning Source LLC
Chambersburg PA
CBHW071358080526
44587CB00017B/3127